JACQUES BONNEFOI

ET

L'ANGLETERRE

OU

DE L'ÉQUILIBRE MARITIME

Quousque tandem abutere
patientiâ nostra?...

(CICÉRON.)

PARIS

E. DENTU, LIBRAIRE-ÉDITEUR,

Galerie d'Orléans, 13, Palais-Royal.

—

1858

INTRODUCTION.

Je ne suis pas grand chose dans ce monde ; je n'ai que le bon sens, qui est le principe et le courant de la raison universelle.

J'aime peu la politique, parce qu'elle n'est qu'un foyer d'intrigues et d'*habiletés*, aboutissant généralement à des misères. Je lui préfère l'énergie des peuples....

Je me sens instinctivement porté à aimer avec ardeur ce qui est élevé et juste. La grandeur de mon pays, sa prospérité, forment mon unique passion : pourquoi refuserai-je d'obéir à son légitime entraînement ?

Le sentiment que j'exprime est au fond du peuple et du pays. Je l'ai rencontré sans le chercher, parce qu'il est universel.

En parcourant, dans mes loisirs, l'histoire de notre noble France, j'y ai remarqué que les grands évènements y ont caractérisé les grands siècles, en donnant s'il est permis de le dire, une poussée à l'humanité.

Il y a un moment marqué par Dieu pour chaque grande chose, dans tous les ordres possibles.

La découverte de la boussole, qui a créé toutes les routes de communication avec l'univers ; — celle de l'imprimerie, qui doit concourir à ne faire des divergentes pensées humaines qu'une seule et même pensée ; — la découverte du Nouveau-Monde et celle du cap de Bonne-Espérance, qui ont donné naissance à toutes les civilisations nouvelles ; — celles de la vapeur et des chemins de fer, qui ne nous ont encore montré que leurs premiers prodiges, ont marqué de grandes époques dans les étapes de l'humanité.

Dans un ordre différent : les Croisades, l'affranchissement des communes, l'abolition de la féodalité, etc., ont laissé leur sceau immortel dans les annales de notre histoire....

Dans nos rapports internationaux, l'abaissement de l'Autriche a été le dernier et le plus grand des évènements politiques consacrés par les traités d'Osnabruck et de Munster, qui en attendent un autre...

Dans la marche de cet Aswhérus social, qu'on appelle civilisation, cela devait arriver : car l'homme est comme la mer, qui, malgré le silence des vents, ne cesse d'être agitée.....

Cette agitation continue.... Il y a dans les intelligences comme dans les désirs plus d'animation qu'on ne pense.... La matière est au creuset.... l'Europe attend....

Et moi aussi !

Jacques BONNEFOI.

Tournecourt (en Crau), 15 octobre 1858.

JACQUES BONNEFOI

ET

L'ANGLETERRE

OU

DE L'ÉQUILIBRE MARITIME.

I

L'Angleterre est la Reine du Monde.

Britannia rules the World!
(*Daily-New.* — 1815.)

Oui, l'Angleterre est la reine du monde, non par les sciences et les arts, mais par le commerce et les forces navales dont elle dispose, autant que par les possessions où régnent ses lois.

Depuis le naufrage de l'empire romain, aucun peuple de l'Europe n'a joui d'une domination aussi étendue. — Charles-Quint qui disait que : « Le soleil ne se couchait jamais sur ses états » ne possédait pas d'aussi vastes territoires que la Grande-Bretagne. — La France, aux plus grandes époques de son histoire, n'a jamais commandé à deux cent millions d'hommes....

L'Angleterre est, sans contredit, le plus grand peuple du monde : Il est grand par ses conquêtes, grand par son commerce, grand par le caractère qui lui donne cette opiniâtreté, cette énergie, cette vigueur qu'il développe en tout. Nous n'éprouvons aucune peine à lui rendre cette justice, quoique nous soyons loin de partager le sentiment de l'honorable M. de Montalembert sur ce qu'il a écrit de son *avenir*

Elle est grande par ses conquêtes : Elle compte sur tous les points du globe, quarante-cinq colonies dont une seule, l'Inde, est plus vaste (sauf la Chine) que le plus grand empire du monde.

Elle est grande par son commerce : Prenez les dernières statistiques ; elles vous apprendront que la marine marchande dépasse cinq millions de tonnes, — que, par le nombre des corps et quilles, elle est supérieure à la plus grande marine du monde, à celle des États-Unis dont le tonnage seulement lui est un peu inférieur. Elles vous apprendront encore que, dans à peu près toutes les branches du commerce, ses importations et ses exportations tiennent le premier rang par leur importance, et que ce qu'on est convenu d'appeler économiquement *la balance du commerce* est toujours en sa faveur.

Elle est grande par sa persistante énergie en tout : Quand on veut avoir une idée juste de ses sacrifices, de son patriotisme et de ses efforts, il faut lire le recueil des voyages de ses hardis pionniers pour découvrir soit une artère fluviale pour ouvrir une communication, soit des continents nouveaux pour y lancer leurs produits, soit des produits inconnus pour amener des échanges. En cela comme en beaucoup d'autres choses ils sont supérieurs au reste des Occidentaux. Pour n'en citer que peu d'exemples, qu'y a-t-il de plus admirable que Mungo-Park dans ses deux voyages en Afrique, — que Denham, Oudney et Clapperton, — que les frères Lander et surtout Richardson, Overwey et Henri Barth parcourant des centaines de cités inconnues, rencontrant par cent millions des populations ignorées, reconnaissant le cours du Niger et de ses affluents et payant de leur vie (1) la découverte d'un monde nouveau !

Elle est grande aussi par ses forces navales : A elle seule l'Angleterre a plus de vaisseaux de guerre que toutes les marines du

(1) V. *Le Niger et l'Exploration de l'Afrique Centrale*, par F. de LANOYE. — Paris, 1857.

monde réunies. Aussi cette conscience de sa force lui a-t-elle fait monter quelquefois l'orgueil au cerveau et l'on peut lire dans le *United-Service*, au sujet du général Paixhans et de ses canons, des phrases comme celles-ci : « La domination de la mer est celle « du monde ! !... — Le sceptre du monde appartient à la Grande- « Bretagne ! !... — Sur chaque grande mer, nous sommes par- « venus à établir des espèces de corps de garde maritimes au « moyen desquels les navigations étrangères sont placées sous la « police britannique ! ! »

On y lit encore un passage très-peu modeste et qui est à la hauteur du dernier discours de lord Palmerston, proclamant les soldats anglais de Crimée les premiers soldats du monde : « Avec « Gersey et Guerneley, nous pouvons braver jusques dans le « cœur de la France ses bâtiments bretons et normands ; — à « l'aide de Gibraltar, nous gardons les clefs de la Méditerrannée ; « — Malte est pour nous un blockaus nautique d'où l'on peut « s'élancer tout à coup et sur l'Asie et sur l'Afrique ; — dans « l'Ile Maurice, nous avons une sentinelle avancée qui surveille « sans cesse la route des Indes.... Notre marine, comme une « ceinture flottante, environne le monde entier ! ! »

Avec les moyens dont elle dispose, l'Angleterre domine depuis plus d'un siècle la politique de l'Europe. Elle seule fait et défait les influences continentales ; à elle seule elle représente ce qu'on est convenu d'appeler assez bêtement l'équilibre européen ; car, où est l'Angleterre (au moins jusques dans ces derniers temps) là est la prépondérance. Je ne comprends pas, dans mon ingé-nuité villageoise, que les souverains qui se disent *frères* aient tant de déférence pour l'un d'eux. Si l'Angleterre traite les sou-verains de l'Europe comme des cadets ; elle revendique, pour elle, un droit d'aînesse et de priviléges qui ont fait trembler le continent. Jusques à présent (je veux dire seulement jusques à la guerre de Crimée exclusivement), tout lui a réussi. Elle a été sou-tenue dans son orgueil, obéie dans toutes ses exigences ; rien ne lui a résisté et, comme aux enfants gâtés de grandes maisons, on n'a jamais rien osé lui refuser. Méritait-elle cette condescendance?

II

How thy great name is every where abhored!
(Lord Biron)
Tu ne sais pas, oh Angleterre! combien ton grand
nom est partout abhorré !
(Traduction.)

Ce n'est pas nous qui accusons l'Angleterre, c'est la plus grande illustration poétique après Shakespeare. Si lord Byron, d'immortelle mémoire, a jeté à la face de son pays cette sanglante accusation, ce n'est sans doute pas la gloire de la Grande-Bretagne qu'il a voulu flétrir, mais les moyens qui ont servi à la fonder. Son coup-d'œil profond ne s'est pas seulement arrêté sur la malheureuse Irlande, qui n'est qu'un chiffre dans les trois royaumes, mais il a pénétré dans tous les actes sur lesquels se sont assis ses conquêtes... C'est *partout*, suivant le grand poète, que le grand nom de l'Angleterre est abhorré !...

Si quelque chose doit raviver ce sentiment d'horreur, n'est-ce pas le passé comme le présent dans l'Inde! Ce passé qui commence à Clive pour finir à Colin-Campbell; ces guerres injustes, ces usurpations sacriléges, ces spoliations inouïes, ce zémindarisme qui réduit à mourir de faim tant de millions d'hommes que leur douceur native et la fécondité de leur climat devraient rendre si heureux, ce sang versé par torrents, ces crimes de lèse-humanité dont on ne parle plus depuis qu'ils ont dépassé tout ce que la rage et la férocité peuvent concevoir, trouveront-ils un vengeur !
— Si Byron n'a eu qu'une inspiration, un honorable Anglais, le

comte Edouard de Warren, dont je ne partage pas, toutefois, toutes les opinions, s'est élevé jusqu'à la flétrissure ; et son *Inde anglaise* est un commencement de satisfaction qui en attend une autre.

Le sentiment que l'Angleterre inspire à l'Europe en général, n'est pas nouveau. Il prend racine dans son esprit de domination universelle. — Vouloir tout dominer (et l'Angleterre l'affirme par l'empire des mers qu'elle revendique) c'est tout simplement épouser l'idée la plus brutale et la plus barbare qu'on puisse imaginer. Elle ne s'en est pas tenue à son affirmation politique ; elle a fait plaider cette cause devant l'Europe étonnée, par Selden, dans son *mare clausum*. Grotius a répondu à celui-ci par la thèse contraire du *mare liberum* ; et malgré la raison et le droit commun des peuples soutenu par le publiciste hollandais, l'Angleterre n'en a pas moins persisté dans ses déclarations comme dans sa conduite vis-à-vis de tous les peuples du monde. — Pitt en était arrivé à ce point de confiance omnipotentielle, qu'il regardait le droit de visite comme la clé de la puissance britannique : *is every were abhorred !*

Le sentiment du cabinet de Saint-James ne s'est point affaibli sur ce point : on l'a vu sous le règne de Louis-Philippe. Depuis la république de 1848 et notamment depuis le traité de Paris du 30 mars, l'Angleterre n'a rien concédé ; elle ne s'est montrée que plus circonspecte. Avec son habileté habituelle, elle a placé la question de la domination des mers dans une question de philanthropie : elle n'a fait qu'un échange de mots pour garder sa pensée tout entière, en continuant de *visiter* quand elle soupçonne la traite. — Si la philanthropie est une vertu morale que tout bon chrétien doit porter dans son cœur, gardons-nous de nous laisser abuser par ce mot de parade dans la bouche des Anglais. Des hommes, estimables sans doute, qui ne voyaient pas le fond des choses et qui ne l'aperçoivent même pas encore aujourd'hui, tels que Warren et de Lamoye, ne cessent de nous dire que l'Angleterre a dépensé 600 millions et même plus d'un milliard pour abolir ce hideux commerce. C'est peut-être vrai quant à la dépense, mais cela est un milliard de fois faux au point de vue humanitaire. On sait, en effet, que l'abolition de la traite date de Pitt. Ce ministre, par cette mesure, voulait atteindre deux buts : nuire aux Etats-Unis récemment émancipés et chez lesquels l'esclavage domine encore; — nuire aux colonies françaises dont la culture se faisait par des mains serviles. Voilà les véritables causes de l'abolition. — Je suis certes loin de m'en plaindre; je n'ai pas assez d'horreur pour flétrir un semblable trafic humain. Je ne veux que faire remarquer que si l'Angleterre a concouru à une bonne mesure, elle ne l'a fait que pour abaisser ses ennemis. Cela est si vrai que, depuis peu, des armateurs français prenant à gage des nègres pour un temps déterminé et avec le bon vouloir de ceux-ci, qui ont le droit de louer leurs services comme le premier venu, ont été arrêtés par des croisières anglaises et confisqués : *Adhuc sub judice lis est.* — Nous devons donc conclure que l'abolition de la traite est une mesure toute politique. Au lieu de l'abolition, l'Angleterre aurait proclamé la traite universelle si celle-ci avait pu augmenter les cotons de 1 p. 0/0. Nous avons, en effet, tant de côtés sur lesquels nous pouvons juger la Grande-Bretagne, qu'il est impossible de donner à ses actes d'autre cause que celle de l'intérêt le plus profondément égoïste; cela est d'une vérité triviale à force d'être évidente. — Quand on est véritablement philanthrope, égorge-t-on comme ils le font maintenant en Asie?...

L'abolition de la traite ne sauve donc pas le nom Anglais de l'horreur qu'il inspire. — En jetant les yeux sur un autre des grands côtés de sa politique, nous voyons l'Angleterre faire précéder toute déclaration de guerre de la capture de tous les vaisseaux marchands de la nation attaquée, et ce sur toutes les mers. C'est la guerre sauvage des tribus du Soudan; c'est le mépris du droit des gens le plus vulgaire dans la vieille Europe. — Quand Rome, malgré son insolence toute britannique, voulait déclarer la guerre, elle envoyait un héraut. L'angleterre, elle, qui ne pratique pas l'honneur comme les autres nations du globe, vous assassine d'abord; elle provoque ensuite... — Ne doit-on pas répéter encore avec Byron : « *Is every where abhorred!* »

Là où l'Angleterre se fait encore plus maudire, c'est par son immixtion forcée dans les affaires de tous les peuples. Elle ne veut laisser tranquille personne, quoique rien ne puisse lui porter ombrage. Elle colporte partout ses drogues libérales. Elle fomente, elle excite, elle révolutionne parce que l'agitation, qui lui est extérieure, est sa vie, sa nécessité, son intérêt.

Cependant, malgré sa force et sa puissance, elle n'a pas été sans craindre les alliances de la France avec des peuples dont le concours aurait pu lui devenir funeste. Ainsi, lorsque l'Espagne joignait ses escadres aux nôtres, l'Angleterre favorisait le développement naval de la Russie. Si l'on veut en savoir plus long sur ce point, on peut consulter l'ouvrage publié en 1812, par L***, ayant pour titre : *Du Progrès de la puissance russe.* — La Grande-Bretagne, après avoir, autant qu'il était en elle, élevé la puissance russe, en a conçu de l'ombrage. Elle a cru reconnaître que sous l'influence de Nicolas, l'un de ses plus illustres empereurs, les forces maritimes de cet empire, alliées à une autre puissance, pourraient devenir menaçantes, et elle en a juré la ruine : l'expédition de Crimée nous a appris le reste.

Avant, et sous Charles X, nos bons rapports avec La Porte et l'Egypte lui étaient suspects. Elle a si bien arrangé le dénoûment hellénique, que tous les vaisseaux turcs et égyptiens ont été détruits. — C'est toujours la même pensée de domination universelle par la domination des mers. Personne ne pense que cela puisse durer...

De ces grands jeux de la politique, elle passe aux détails qui la préoccupent peu, mais qui n'en vexent pas moins les petits et qui entretiennent une agitation qui détourne la pensée publique des véritables sujets qui devraient l'intéresser. En cela, l'Angleterre s'amuse ; c'est en badinant qu'elle insulte le roi Othon, le roi de Naples et la Perse ; c'est en se moquant de cette pauvre Italie, dont elle excite les espérances pour donner du souci à la France et à l'Autriche. — Quand l'Angleterre, en un mot, ne veut pas qu'on s'occupe d'elle, elle vous occupe elle-même ; quelque odieux que soient ses moyens, elle ne s'en fiche pas mal ! —

Cela me fournit l'occasion de rappeler un entretien que j'eus, l'an dernier, à Londres, avec un membre de l'*honorable* compagnie des Indes.—Pourquoi, lui disais-je, vous, Anglais, qui aimez si peu l'intervention étrangère dans vos propres affaires , inquiettez-vous le roi de Naples à propos de bottes? — La réponse du gentlemen ne s'est pas fait attendre : C'est parce que cela nous fait plaisir ! ! — La politique anglaise est toute là.

Comment de tels moyens n'exciteraient-ils pas l'indignation de tous les honnêtes gens? Mais, avec les Anglais, ce qui est honnête est imbécile : souvenons-nous-en.

On a dit que la propagande anglaise était toute civilisatrice et que la domination des mers par la Grande-Bretagne était la sécurité des mers. J'allais répondre, lorsqu'il m'est tombé sous la main un livre sur l'Inde qui a fait quelque bruit ; je veux parler de l'ouvrage de M. Frédéric Billot, écrit avec une passion toute méridionale qui n'ôte rien à la vérité de ses assertions. Voici ce qu'il dit, page 193 :

Dans son numéro du 25 septembre, le *Siècle* a dit que la royauté de l'Angleterre sur les mers était nécessaire, parce que cette puissance, exer_ çant la police dans tous les parages où vont ses vaisseaux, préserve les autres nations de la piraterie et du brigandage.

Je répondrai d'abord au *Siècle* que les premiers brigands des mers sont les Anglais ! Et je le lui prouve : 1º par la saisie dix fois répétée, *sur toutes les mers* , de tous nos bâtiments de commerce, sans déclaration préalable de guerre ; et cela a une autre importance qu'une capture de navire faite autrefois de loin en loin par des forbans barbaresques beaucoup plus humains que des Anglais ; — 2º par l'incendie de Copenhague , qui est le fait le plus monstrueux de l'histoire de l'Europe ; 3º par le droit de visite , brigandage civilisé cent fois plus lourd que la barbarie des corsaires.

Non-seulement les Anglais n'ont jamais détruit la piraterie , mais ils l'ont protégée. Je le prouve encore : ne se sont-ils pas opposés de toutes leurs forces à la destruction de ce brigandage en 1830 , lors de l'expédition d'Afrique ? Ont-ils, sauf une fois, jamais essayé de l'extirper ? N'étaient-ils pas, au contraire , satisfaits de voir notre commerce méditerranéen exposé à tous ses excès.

La royauté absolue des Anglais sur la mer n'a donc été qu'une tyrannie absolue, et sans répression possible, parce que l'Angleterre se moquait de tous par sa supériorité.

Il est, sous un autre rapport, faux de dire que, l'Angleterre manquant, la sécurité des mers disparaîtra. Qui pourrait troubler cette sécurité? Quel est l'État maritime qui, en pleine paix, osera armer des brigands pour courir sus à de pauvres navires marchands? Sera-ce Tunis? Sera-ce le Maroc? Sera-ce l'Archipel? Nous n'avons besoin de personne, nous, Français, pour imposer l'ordre dans la Méditerranée, dans la mer Noire ou la mer d'Azof. —Seront-ce les deux Amériques? elles peuvent parfaitement se passer de l'Angleterre qui, depuis le traité d'York-Town, n'y a pas imposé sa loi dont on se serait peu soucié. — Sera-ce une peuplade quelconque d'Afrique? Mais, là, il n'y a pas de marine. Et quand le progrès des temps en aura créé, le progrès les mettra à l'ordre. — Sera-ce la Chine, le Japon ou la Birmanie? Mais ces nations sont depuis le 10 mai 1857 nos alliées nécessaires. — Il n'y a donc ni piraterie, ni brigandage sérieux à craindre; la pensée du *Siècle* n'est qu'un volumineux anglomanisme qu'il est libre de conserver, mais qui, à coup sûr, n'épouvantera personne.

Au surplus, comme nous l'avons dit, des temps nouveaux s'ouvrent. La sécurité de tous sera protégée par tous. La fédération des peuples les sauvera, sur terre comme sur mer, de toutes les pirateries et de toutes les tyrannies. L'Angleterre, seule, a été, jusqu'à ce jour, l'obstacle à la paix comme à la sécurité commune. Le temps est venu où son autorité doit cesser pour faire place, à jamais, au droit commun des nations, au droit, à la justice, à la vraie liberté.

III

Provocations incessantes de l'Angleterre.

> L'Angleterre serait perdue, si elle était juste,
> un seul jour, envers la France !
>
> (Lord Chatam.)

On croit, dans certaine région politique, que nos sentiments d'hostilité contre l'Angleterre tiennent du préjugé. Et, ce qu'il y a de plus singulier, ceux qui tiennent ce langage sont ceux qui, par le rôle qu'ils jouent dans la grande presse, par les connaissances qu'on doit leur supposer, devraient être les premiers à porter accusation contre notre rivale. D'où vient un tel aveuglement? Chez les uns, c'est de l'ignorance pure ; chez les autres, quand ce n'est pas un calcul, c'est une admiration servile qui date de Montesquieu, se raccroche à Necker et aux Constituants, et traverse plusieurs révolutions sans s'embarrasser des faits accomplis. Pour ces derniers, l'extase aux pieds de l'Angleterre est un état normal ; rien ne saurait les relever de leur honteux accroupissement. Comment se ferait-il qu'ils n'admirassent pas sans cesse l'Angleterre, sa grandeur et son génie? N'a-t-elle pas toujours été heureuse? N'a-t-elle pas triomphé de tout et partout? Son ascendant est-il contesté? N'est-ce pas pour eux et avec eux que le *Daily-New* écrivait, en 1815, comme depuis, que l'Angleterre est la reine du monde?.. — En voilà plus qu'il n'en faut pour satisfaire des intelligences assoupies dans leur triviale admiration. —

Voyez plutôt l'illustre de Montalembert qui ne regrette qu'une chose, de ne pas trôner à Westminster... Il est vrai de dire qu'il n'y a pas de Français de ce calibre-là....

Le sentiment universel de la France contre l'Angleterre serait un préjugé s'il se reportait au moyen-âge : il serait ridicule et bête. Qu'est-ce qui pense à venger nos armes des défaites de Crécy, de Poitiers et d'Azincourt ? Ne l'ont-elles pas été suffisamment, à cet endroit, par Jeanne-d'Arc et par l'expulsion complète des Anglais de notre territoire ? — Dans des temps plus rapprochés de nous, il n'y a que Waterloo, qui n'a point terni notre honneur militaire, on le sait ; sous ce rapport, nous avons à en revendre à nos honorables alliés, et si quelque chose était fait, à cet égard, pour nous venger avec usure, c'est l'expédition de Crimée. Notre gloire militaire n'est donc en jeu sous aucun rapport, il faut le dire encore pour débarrasser la tête de ceux qui ne veulent donner pour cause à notre juste rivalité qu'un stupide préjugé. Si Waterloo nous suffoque, c'est parce qu'il a eu pour conséquence l'invasion de notre territoire, la dévastation de nos ports et de nos arsenaux, le pillage de notre trésor public, la démolition et la prise de cinquante-cinq forteresses du nord, l'amoindrissement de notre territoire et l'usurpation de presque toutes nos colonies : voilà Waterloo !!! Est-ce donc un préjugé de regretter cette journée néfaste et les épouvantables conséquences qu'elle a eues pour nous ?

Après une catastrophe comme celle de 1815, il était naturel de supposer que la France trouverait de la générosité, du laisser-aller partout. C'est le contraire qu'elle a rencontré, particulièrement du côté de l'Angleterre. Je n'ai pas à écrire, ici, l'histoire politique de la Grande-Bretagne de 1815 à 1848 ; elle est assez connue. Il suffira à mon sujet de signaler sa politique dans les provocations incessantes dont elle est la source vis à vis de tous les peuples depuis l'avènement du deuxième empire, pour qu'on soit bien convaincu qu'elle n'a rien perdu de ses habitudes qui vont toutes, quelqu'effort qu'on fasse pour le déguiser, à l'abaissement de la France d'un côté et à l'élévation de la prépondérance britannique de l'autre. — Le peuple ignore la plupart de ces choses, et c'est pour lui que je regarde comme un devoir de les mettre en souvenir.

La paix est signée le 30 mars ; tout doit être fini entre les sept puissances qui ont figuré au congrès de Paris... Eh bien ! non.— Messieurs les Anglais restent et veulent rester dans la mer Noire quoiqu'elle ait été déclarée neutre par le traité (art. 11). Ils n'y ont pas de *corps-de-garde*, comme ailleurs et il leur en faut un : l'île *des Serpents* a séduit leur convoitise et ils veulent y rester, lorsque la France et toutes les autres puissances exécutent si loyalement, si vite et si ponctuellement toutes les stipulations signées. Pendant près d'un an, ils gardent cette île des Serpents qu'ils n'évacuent, avec la mer Noire, que lorsque l'Inde et la Chine viennent lui donner des soucis plus sérieux. Soyons-en bien convaincus, sans cette double guerre, ils seraient encore dans la mer Noire, et l'île des Serpents serait leur corps-de-garde. Rien ne garantit qu'ils n'y reviendront pas : car, quelle garantie peut-on avoir de la foi jurée avec l'Angleterre?...

Viennent ensuite les provinces Moldo-Valaques : elles doivent continuer de jouir des priviléges et des immunités dont elles étaient en possession (art. 22) ; une administration indépendante et nationale leur est assurée (art. 23) ; des divans doivent être appelés à exprimer les vœux des populations relativement à l'organisation définitive des principautés (art. 24). — On fait des élections ; mais l'Angleterre, par lord Redcliff, son ambassadeur à Constantinople, fausse la volonté des provinces. Ces élections sont annulées et l'union proclamée. Cela est-il fini? Hélas ! non. L'Autriche et l'Angleterre se mettent d'accord pour maintenir l'agitation, la perturbation dans les principautés. Et le reconnaissant Abdul-Medjid, pour lequel nous avons dépensé un trésor et versé notre sang à flots, se range du côté de nos ennemis. Je désire qu'il ne le paye pas bientôt un peu plus cher qu'il ne pense ; mais, en attendant, c'est comme cela... Rien n'est décidé, rien n'est assis ; il y a là un deuxième foyer de dissidences et de provocations qui vont renaître avec plus de vivacité que jamais aussitôt que nos alliés en auront fini avec les cipayes du royaume d'Oude....

Voici venir le plus magnifique projet des temps modernes : nous voulons parler du percement de l'isthme de Suez. Que dirions-nous qui n'ait déjà été dit dans le beau travail de M. de Lesseps, dans toute la presse française, dans nos conseils généraux, dans les plus imposantes assemblées de l'Europe, — qui n'ait été ratifié, approuvé par tout ce qu'il y a de plus compétent et de plus éclairé dans l'Occident comme ailleurs ? Raccourcir, pour l'Europe, un trajet de trois à quatre mille lieues, diminuer les frais et les risques, appeler à la vie commerciale les peuples de trois continents, c'est s'avancer dans les voies les plus belles de la civilisation et de la richesse. L'univers entier y est intéressé : tout le monde le proclame. La féodalité anglaise seule n'en veut pas. Et pourquoi ? Palmerston a dit à la tribune que ce canal était une violation du traité de Paris...; — il en a menti ! — Il a ajouté que cela séparerait la Sublime-Porte de l'Egypte... — c'est la plus sublime des bêtises ! comme si un canal *séparait*. On ne construit des canaux que pour *joindre* plus intimément des pays à d'autres. Nous maintenons donc notre épithète à l'adresse de l'ancien chef du cabinet de Saint-James.

Cependant toutes ces pitoyables raisons font ajourner cet immense travail depuis plus de trois ans. Un instant, on a cru toutes les difficultés vaincues, pour aboutir, en mars dernier, à des équivoques sans fin sur une réponse du Divan, à une communication spéciale faite à cet égard par notre ambassadeur. Ce qui donne à cette équivoque le caractère d'une certitude hostile c'est ce que la *Correspondance Havas* nous apprend, sous la date de Londres du 7 avril, dans les termes suivants : « Le *Times* attaque forte-« ment le projet relatif à l'isthme de Suez, qu'il considère com-« me *une chimère française*, mise en avant dans l'unique but de « *ruiner* les communications et la *prépondérance* anglaise en « Egypte. » — Il n'est pas possible de montrer, en moins de mots, plus de mauvaise foi. Les Anglais savent parfaitement que le canal de Suez ne sera pas plus un canal français qu'un canal

2

anglais ; ce sera le canal de tous les peuples. — Le fond de la
pensée anglaise (et cela saute aux yeux) c'est d'empêcher, d'arrêter dans leur essor tout ce qui n'est pas anglais ; — c'est de maintenir une supériorité , une prépondérance qui n'a pas de raison
d'être au détriment de l'Europe , de l'Afrique comme de l'Amérique. L'Angleterre sait bien qu'elle y gagnera elle-même ; mais
elle est moins préoccupée de ses avantages matériels et de ses intérêts politiques, qui ne sont point engagés, que de l'importance
nouvelle que cela peut donner à telle ou telle puissance. C'est
toujours la même pensée qui la domine : maintenir l'abaissement
partout et surtout en France. Rien ne met plus en relief ou en
évidence le sentiment intime de la Grande-Bretagne que la guerre
de tracasserie et de mauvaise foi qu'elle fait au projet de Lesseps.
— Au demeurant, que perdrait l'Europe à l'amoindrissement de
la prépondérance anglaise? Nous croyons, au contraire, que la
civilisation du monde ne marquera un véritable progrès que par
cet abaissement. Il ne faut pas qu'il ne se fasse , ici bas, que ce
qui profite exclusivement à l'Angleterre ; et quand un travail
aussi important que le percement de l'isthme de Suez a été jugé
par l'Europe , il faut que l'Europe l'exécute sous peine d'une fai-
blesse dégradante qui n'entrera dans l'esprit d'aucun souverain.

La tête tourne à l'Angleterre ; elle n'y voit plus dès qu'elle croit
un intérêt quelconque menacé. Elle s'arrête peu à réfléchir sur
les droits qu'elle peut avoir ou non d'agir. Il lui suffit de vouloir
pour qu'elle exécute , sans se soucier des conséquences que ses
usurpations peuvent avoir pour autrui. Elle a compris que, malgré
sa résistance et son mauvais vouloir, le percement de Suez était un
projet d'une exécution forcée ; et aussitôt , prenant le devant, elle
s'empare de l'île de Périm qu'elle arme en ce moment comme un
second Gibraltar pour commander l'entrée de la mer Rouge ! —
Que n'aurait pas dit l'Angleterre si la France ou la Russie ou
n'importe quelle autre puissance avait violé de la sorte le territoire ottoman ? Elle aurait crié à l'usurpation et n'aurait eu de
trève qu'après la restitution. — Quelle provocation plus flagrante
de toute l'Europe dans cette occupation de Périm ! Aussi, toutes

les puissances s'en sont-elles émues et c'est avec bonheur que nous avons lu dans la presse française de nombreuses protestations qui, nous l'espérons, iront au delà de stériles paroles. Il vaudrait cent fois mieux ne rien faire que de placer le canal de Suez sous le joug anglais. Non ! la Grande-Bretagne n'aura pas plus les clefs de la mer Rouge qu'elle ne grardera celle de la Méditerrannée ! Il faut le dire, ces provocations fatiguent l'Europe, arrêtent la fortune publique dans toutes ses expansions, jettent des méfiances et des craintes dans tous les esprits, suspendent les transactions, causent les graves malaises et compromettent finalement l'existence de bien des millions d'hommes. Ne serait-il pas temps d'en être délivré?...

Il y a six mois à peine que l'inquiète et jalouse Angleterre mettait l'embargo sur des navires français transportant des Nègres qui s'étaient loués comme travailleurs. La preuve en fut facilement fournie. Malgré cela et sous prétexte de traite, hommes et navires ont été confisqués.— Dernièrement, la malle de *la Réunion* et *de Maurice* nous a apporté la nouvelle de la capture d'un navire français le *Charles-Georges*, de Saint-Malo, capitaine Roussel, chargé de cent dix engagés des Comores, pour la Réunion, par un navire de guerre portugais qui l'a fait vendre immédiatement et jeter tout l'équipage en prison, *malgré la présence du délégué officiel* du gouvernement de la Réunion. — C'est encore là une provocation anglaise, cachée sous le pavillon portugais, ne nous y trompons pas. Dès le moment où l'Angleterre a vu que la traite abolie, on pouvait avoir plus de Nègres après qu'avant, librement, pour le bonheur de ces nègres qu'on instruit et civilise, comme pour le bonheur des planteurs, elle s'est attachée à la couleur et elle a dit : ce sont des esclaves,— donc il y a traite, quoique ces noirs soient libres, heureux de leur traité et qu'aucune méprise ne soit possible. Qu'est-ce que fait, en cela comme en tant d'autres choses, l'évidence à l'Angleterre ? — Ce sont des vexations qui se continuent jusqu'à ce qu'un éclat y apporte un terme.

Si, depuis vingt-cinq ans seulement, on avait pris note de

toutes les provocations de la Grande-Bretagne, de toutes les in-
justices commises, seulement envers la France, cette brochure
ne suffirait pas à elle seule à les rappeler.

Mais de toutes ces provocations, celles qui ont un caractère
plus direct et vraiment épouvantable, ce sont celles qui sont rap-
pelées dans la publication, faite en mars dernier, ayant pour titre :
L'Empereur Napoléon III et l'Angleterre. Nous n'ajouterons
rien à ces révélations d'une si haute portée; nous ne parlerons
pas de l'attentat horrible qui a couronné dix autres tentatives
parricides avortées. Il est donc bien vrai pour la France comme
pour l'Europe que c'est en Angleterre, au vu et su du gouvernement du Royaume-Uni, qu'on élabore en plein air l'assassinat et
qu'on refuse d'en poursuivre les auteurs sous le prétexte d'insuf-
fisance d'une législation qu'on refuse de rendre efficace. On ne
veut pas d'un bill qui attaque les conspirateurs ! On ne veut pas,
tout en respectant le droit sacré d'asile, porter atteinte à la liberté de tout faire et de tout insulter ! On ne veut pas, comme
le proclamait le ci-devant Chatam, être juste *un seul jour* envers
la France !

Un peuple qui en est arrivé là et qui s'y maintient est bien près
d'une secousse... Ma foi, tant pis pour lui !

IV

Artifices anglais. — Terreurs rétrospectives.

> Tout est bon, pourvu qu'on réussisse…
> (MACHIAVEL.)

Quoiqu'on en dise, les salons de Paris exercent, dans beaucoup de circonstances, une influence marquée. Je ne veux pas dire que le pouvoir y cherche ses inspirations. Je crois, au contraire, que celui-ci voit, et toujours, plus haut et plus juste. Cependant le salon a ses auditeurs et ses croyants. A tort ou à raison, il a son public à Paris comme dans la provice : Paris et la province croient aux bruits de salon au moins pendant 48 heures. Moi qui vous parle, je ne crois qu'au bruit du canon… n'importe.

Que de fois ne s'y est-on pas entretenu de tous les griefs que nous avons précédemment rapportés et de bien d'autres choses auxquelles la haute police anglaise n'est certes pas entièrement étrangère.

Quant aux griefs, il n'y avait (qu'on me permette cette indiscrétion avec quelques autres) qu'une voix. Bonaparte a une mission, disait l'un ; — il a plus qu'une mission, disait l'autre : il a un apostolat soudé à celui de son oncle ; — tous ensemble : la France a des injures à venger, une position à reconquérir, des droits dans la grande famille humaine à faire respecter, un orgueil plus que rival à abattre, des priviléges humiliants à détruire, une féodalité à corriger ; — la France a pour mission, Bonaparte régnant, de proclamer partout le droit commun ; etc., etc.

Je me souviendrai toujours de la figure fine, des allures un peu raides, des manières légèrement gênées d'un petit homme, mis avec une recherche remarquable, que j'ai rencontré, en mars dernier, dans un de ces salons parisiens où la fibre française s'exaltait outre mesure à la nouvelle de la nomination de Pélissier à l'ambassade d'Angleterre. C'est là qu'on disait, sans trop se gêner : Pélissier est un coup de canon contre la perfide Albion ! —Non ! ce n'est qu'un coup de fusil à poudre pour y effrayer Derby et les kokneys ! — Je vous dis que vous vous trompez…. etc., etc. Lorsque mon petit homme, prenant la parole d'un air grave, arrête tous les interlocuteurs ; en leur disant : — Vous êtes tous dans l'erreur. La nomination de Pélissier est la plus significative des reconciliations entre les deux pays. Pélissier aime les Anglais comme lui-même ; il l'a suffisamment prouvé. Sans lui il n'en restait pas un en Crimée ; et la reine Victoria a conçu, pour le duc de Malakoff une affection toute chavaleresque. Oui, M. Pélissier est l'homme de la circonstance, c'est, comme il l'a dit lui-même, un trait-d'union. La loyauté de son cœur, la netteté de ses idées, la connaissance parfaite qu'il a des choses, jointe à sa haute vocation diplomatique, en font l'homme le mieux choisi pour le temps et pour le lieu… — C'est aussi pour cela, ajoute vivement l'un des assistants, que l'Angleterre arme jour et nuit ses côtes, pour prouver, non qu'elle n'a pas peur, mais sa profonde sécurité !…

Ce n'est pas tout, poursuit le gentleman en question peu déconcerté (car c'en était un, à ne pas s'y méprendre) ; croyez-vous qu'il soit possible que deux grands peuples, les premiers du monde, aillent s'égorger, pour qui et pour quoi. Les guerres déclarées à l'Angleterre portent malheur ; le moindre mal même qu'on lui fasse, à la Grande-Bretagne, est cruellement puni. Je veux vous en donner des exemples :

Louis XVI a secouru les Américains ; il a aidé puissamment à leur émancipation… Louis XVI que Pitt aurait pu sauver, est mort sur l'échafaud !… Vous reconnaîtrez là la main de l'Angleterre….

Napoléon-le-Grand a menacé, deux fois, d'intention, la puissance Britannique, par le camp de Boulogne d'abord et ensuite par un projet d'invasion des Indes… Ajoutons-y, si vous le voulez, le blocus continental, qui était bien la plus terrible chose contre les intérêts matériels de l'Angleterre.... Eh bien ! Napoléon est mort prisonnier de la Grande-Bretagne, sur le rocher de Sainte-Hélène !!... — Et de deux.

La branche aînée des Bourbons s'est montrée insolente envers le cabinet de Saint-James, à l'occasion de sa campagne d'Afrique... — Et vous savez que ce pauvre Charles X est mort dans l'exil !

Son successeur, beaucoup plus habile que lui, Louis-Philippe, que l'Angleterre a fait passer sous toutes les fourches caudines imaginables, à voulu, *une seule fois* (ce n'était pas grand'chose), finasser avec l'Angleterre, au sujet des mariages espagnols ; et l'Angleterre, qui ne plaisante jamais, à expédié Louis-Philippe, sans passeports, à Claremont !!...

En voulez-vous encore ? Le 14 janvier n'est-il donc pas pour vous un... — Au souvenir de cette horrible date, une explosion d'indignation éclate. Une agitation furieuse règne dans toute l'assemblée. Le perfide gentlemen en profite pour s'évader, sans prendre congé, laissant son manteau qu'il n'est plus venu retirer.

Cette scène correspondait avec une autre nouvelle d'une nature assez grave. On prétendait que les amiraux et les maréchaux avaient été réunis pour s'expliquer sur une *éventualité*, et que leur réponse, sur la possibilité du fait discuté, avait été unanimement affirmative. Je ne garantis pas cette nouvelle ; mais le fait est qu'elle a causé et qu'elle continue de produire encore une sensation profonde. Tout le monde se dit à l'oreille : c'est possible ! c'est possible ! D'autres ajoutent : c'est facile. On se soucie peu du *post hoc*, *ergo propter hoc* du mouchard anglais dont nous parlions tout-à-l'heure.

Ah ! si ce mot « C'est possible ! » avait résonné, accompagné de tout ce qui le soutient aujourd'hui, aux oreilles du grand capitaine, on ignorerait, en France, qu'il y eût une île dans l'Océan, qui porte le nom de Sainte-Hélène, et l'Occident rayonnerait autour de la France !

Mais ce qui est différé n'est pas perdu....

V

Sentiment de la France.

Marche, marche!
(Bossuet.)

Une crise, comme on en a peu vu, pèse sur l'Europe et l'Amérite. Si, pour les Américains aventureux, cette crise n'est qu'un accident qui a ses périodes décennales, il n'en est pas de même pour l'Europe et la France en particulier. Avec les inondations de 1856 et concurremment avec elles ont marché l'élévation des denrées alimentaires et des loyers, la diminution des travaux, l'élévation toujours croissante de l'impôt et les subsides si onéreux de la guerre de Crimée. Les souffrances du peuple sont grandes et les moyens de développer son activité réduits. Il y a donc malaise, et il est grave, on ne peut pas se le dissimuler. Les inquiétudes qui en résultent peuvent donner lieu à des perturbations, à des excès qu'un pouvoir intelligent et fort doit prévenir.

Lorsque l'Angleterre appuya la révolution de 93, elle voulait se venger de notre expédition qui favorisa et produisit l'émancipation de l'Amérique du Nord. Lorsque, plus tard, elle se mit à la tête des coalitions, c'était non-seulement pour arrêter dans ses conquêtes le grand capitaine, mais encore pour s'abriter d'une ruine que le blocus continental allait consommer s'il eût été poussé un peu plus loin. Il fallait donc, coûte que coûte, à l'Angleterre, une invasion, des invasions jusqu'à ce que le lion eût été enseveli; et, dans ses ardeurs de lutte presque légitimées, elle n'a eu de repos et de trève que lorsque le succès en a légitimé ses opiniâtres efforts.

La France en est là aujourd'hui; elle a à combattre non pour sa grandeur, mais pour sa prospérité bien avariée. Comme l'Angleterre de 92 à 1815, les sources de son travail et de sa vie ne coulent que goutte à goutte et sont près d'être taries. La France de 1858 n'a plus rien à perdre dans une guerre ; elle n'a qu'à gagner. Prêtez l'oreille aux populations accumulées dans les grandes villes de Lyon, Bordeaux, Marseille, Paris, de même qu'à celles des plus modestes communes, vous n'entendrez qu'un mot : Guerre à l'Anglais ! Tel est le sentiment universel.

Ce sentiment est loin d'être irréfléchi. Chacun lit, observe et juge. Chacun voit que, depuis 1815, l'Angleterre a mis la France en état de blocus, parce que la France est le seul pays du monde qui puisse lui faire ombrage. Elle nous a traités à peu près comme elle traite en ce moment le rayat de l'Inde ; elle nous a pris nos vaisseaux, nos canons, nos trésors ; elle s'est emparé de nos colonies en se faisant une part telle qu'elle nous a gardés comme un enfant emmaillotté...

Cependant, elle n'a pu empêcher le génie national de se développer, ni à ses inspirations de se produire. En France, tout est noble et tout est cadet : c'est donc bien inutilement qu'on est venu rafraîchir l'art. 259 du code pénal. La véritable noblesse, celle du cœur et de l'intelligence, ne se mesure jamais.

Nous sommes tous nobles, parce que nous sommes pourvus des lumières qui éclairent les voies par où l'on arrive au bien-être et à la fortune. On ne peut nier que, depuis 1815, nous avons fait, dans toutes les sphères où se développe l'activité humaine, d'immenses progrès. On doit reconnaître aussi que cette intelligence active, qui abonde chez nous, reste en grande majorité inoccupée. Les Anglais ne comptent que dix mille cadets qui les fatiguent et pour lesquels un monde entier, l'Inde, n'est pas un espace suffisant. — En France, nous en avons des millions et, sauf l'Afrique et quelques mesquines colonies, nous n'avons rien pour les occuper. Les Anglais ont quarante-cinq soupapes de sûreté pour ce qu'ils appellent leurs *mauvais garnements ;* et nous, nous n'en avons qu'une !! Dieu sait comme elle est chargée ! N'avons-nous pas le droit d'en exiger d'autres ?...

Le besoin d'expansion étant connu, le souverain qui préside aux destinées de la nation, n'a plus à délibérer. S'il veut obéir à son intérêt comme à l'intérêt public, il doit donner à ce besoin toute sa satisfaction, sous peine de catastrophe...

Avec une descente en Angleterre, il n'y a plus de blancs, plus de bleus, plus de socialisme; tout s'efface devant le grand intérêt de la patrie. Il n'y a plus que des Français volant à la destruction du dernier repaire de la féodalité, brisant les derniers liens qui enchaînent les peuples, proclamant la liberté partout et pour tous et consommant la plus grande des conquêtes des temps passés et à venir.

Cela fait, l'Angleterre deviendra plus sincère et notre plus vigoureuse alliée. Cela paraît un paradoxe; le temps mettra en relief cette profonde vérité : Nous n'aurons pas mis à mort le pêcheur, mais nous l'aurons converti et pour longtemps...

VI

Hypothèse : — Qui peut oser descendre en Angleterre?

> Et la Vendée aiguiserait son glaive sur la pierre de Waterloo!...
>
> (Victor Hugo.)

Napoléon Ier a voulu opérer une descente dans la Grande-Bretagne; il en a été détourné par une coalition nouvelle. Il n'a pas été démontré qu'il n'aurait pas pu aborder l'Angleterre... N'importe; constatons que la conduite du Royaume-Uni, à l'époque du camp de Boulogne, avait mérité un châtiment qui fut forcément ajourné. Les terreurs de nos voisins d'Outre-Manche ne se sont apaisées que sur le rocher de Sainte-Hélène; et ils avaient raison d'avoir peur. — Le but que Napoléon Ier voulait atteindre doit être recueilli. Il sentait le mal que l'Angleterre fait à l'Europe comme au monde entier, et il voulait l'atteindre dans ses bases par un remède radical. — C'est vers le même but qu'il courait déjà quand il conçut le plan d'une invasion de l'Inde : c'était une lutte éloignée, dont les résultats pouvaient offrir de bonnes comme de mauvaises chances. Cette pensée, toute bonne qu'elle était, ne trouva pas dans Alexandre Ier le coopérateur nécessaire ; elle dut rester à l'état de projet. Bonaparte fut infiniment mieux inspiré dans son projet direct. On est plus sûr d'un ennemi qu'on tient par la tête que par le talon.

L'Angleterre est-elle plus sage aujourd'hui que sous le premier empire ? Poser la question, c'est la résoudre. Depuis 1815 jusques en 1848, sa politique n'a pas cessé, un moment, de se ressembler ; et, depuis 1848 jusqu'à ce jour, on peut en dire à peu près autant.

Cependant en 1830, l'Angleterre mit les pouces à l'endroit de l'expédition d'Afrique. Sa mauvaise humeur fut mal déguisée ; mais, malgré ses menaces (et sa diplomatie ne s'en fait pas plus de faute que sa presse), l'expédition partit et l'on sait le reste. Dans la simplicité de ma pensée, je crois que la descente en Afrique n'aurait pas eu lieu si la France n'avait pas compté sur ses alliés, au premier rang desquels il faut placer la Russie. Une bonne alliance, c'est la moitié de la besogne faite ; autrefois comme aujourd'hui, le sens commun le dit.

Rentrons dans notre sujet qu'il ne faut pas trop agrandir, et demandons-nous si les Bourbons de la branche aînée auraient été d'un caractère à tenter une descente sans obtenir raison d'une grave injure. L'histoire répond affirmativement. On connaît les tentatives infructueuses de Louis XIV, qui n'avait pas à reprocher à l'Angleterre ce dont on l'accuse aujourd'hui. Nous dirons même que le grand roi avait tort de se mêler un peu trop des affaires d'autrui. — Quoiqu'il en soit, le Royaume-Uni, dès cette époque comme avant, a toujours profondément détesté les Bourbons aînés, parce qu'il était convaincu qu'on ne pouvait pas impunément les braver. — Il n'est donc pas prouvé qu'ils n'auraient pas été de taille à faire invasion, dans un cas donné; c'est le contraire qu'il faut penser et dire, parce qu'ils aimaient la France et que rien de ce qui aurait été juste et grand n'aurait été sacrifié par eux. Ils l'ont suffisamment prouvé dans l'expédition d'Afrique exécutée à la barbe de l'Angleterre et malgré ses stériles frémissements.

Peut-on en dire autant de la branche cadette? Nous l'avons vue à l'œuvre sous le régent et son digne ministre le cardinal Dubois. Sous cette triste époque, la France descendait, non pas en Angleterre, mais de son honneur et de sa dignité. L'histoire est là!... — Que dire de Louis-Philippe que l'on ne sache? Son règne est mitoyen avec les temps modernes. Rappeler le droit de visite, l'indemnité Pritchard, c'est avoir tout dit sur cette politique-chapeaubas. Ah! mille fois non! Louis-Philippe n'aurait jamais fait de descente en Angleterre pour venger quelle injure que ce fût! Les Anglais auraient pu le fouetter en place publique, le conduire sur un âne, la tête tournée du côté de la queue, qu'il les aurait remerciés de leur politesse. — Et cependant, il avait parmi ses fils un cœur français auquel il faut rendre justice, le prince de Joinville; mais cette honorable exception n'a pu, à l'endroit de l'Angleterre, sauver l'honneur du chef de la famille...

Si la branche aînée n'est plus là, — si la branche cadette est usée jusqu'à la corde, qui osera donc venger les injures de la France et celles du monde entier? Personne! ou ce sera Napoléon III!

Le jour où Napoléon III descendra en Angleterre, Alexandre II descendra à Constantinople. L'entrevue de Studgard n'a pas eu d'autre signification. La France et la Russie ont besoin de leur union pour ces grands événements; elle est assurée. Le temps qui éclaire tout, a fait comprendre à la cour de Saint-Pétersbourg qu'elle ne réaliserait cette partie du testament de Pierre-le-Grand et de Tilsitt que par là. — La situation des affaires de la mer Noire parle plus haut, à cet endroit, que tous les bavardages diplomatiques.

Si Napoléon III reculait devant la mission que la providence et les événements politiques de 1848 lui ont donnée, il serait perdu... C'est le sentiment de tous. — Il faut répondre à l'idée dominante d'un peuple, quand on a dans les mains tout ce qui le fait vivre. La France ne veut ni une guerre de passion, ni une guerre d'amour-propre, ni une guerre de caprices, mais un dénoûment au drame que la Grande-Bretagne joue, depuis plus d'un siècle, à son bénéfice. Il est temps que la France partage les recettes. — La France veut la guerre, parce qu'elle veut vivre. — La guerre sauve l'homme, assure la prospérité, produit une paix sans fin. — La paix continue les révolutions, emporte Napoléon et sa dynastie et ne laisse au bout que l'anarchie si chère à l'Angleterre !

VII

La France possède-t-elle les moyens ?

Le chemin est fait : marchons à l'ennemi !
(Lettres franques.)

On s'est plu à exagérer les forces navales de l'Angleterre pour en faire une puissance maritimement inattaquable. Ce sont toujours les mêmes adulâtres de l'omnipotence britannique, qui nous mettent devant les yeux ses succès permanents, et ses 2,000 vaisseaux. Ils oublient les prodiges éclos de l'invention de Fulton. Ils ne savent pas que toutes les conditions de lutte, à la mer, sont changées. Il ne s'agit plus d'être sur ou sous le vent, de couper une ligne de bataille, de neutraliser, par une habileté de manœuvre, une partie des forces combattantes. On peut dire, non comme Sganarelle, mais avec une vérité scientifiquement démontrée, *qu'on a changé tout cela*, et que l'expérience à magnifiquement justifié la théorie.

En premier lieu, la vapeur est un agent nouveau, qui surmonte les éléments, dompte leur violence et leur fureur pour

n'obéir qu'à la volonté de l'homme. La volonté de l'homme,
substituée aux accidents qu'une excessive habileté pouvait, seule,
vaincre en partie, est le point de départ de faits nouveaux, qui
portent en eux d'incalculables conséquences. La sphère d'action
est agrandie, l'énergie est centuplée, parce qu'elle se pose en
face de résultats certains, l'homme a grandi de tout l'espace
qu'il a conquis pour agir dans la liberté que lui donne sa volonté,
dégagée de tous les liens. C'est maintenant qu'on peut dire, avec
plus de vérité que jamais : vouloir, c'est pouvoir !

Si la vapeur, maritimement parlant, a débarrassé le marin
d'un million d'entraves, il ne reste, avec elle, que l'homme
agisssant avec son caractère, son élan et le courage qui lui est
propre. Avec cette facilité, le marin français moderne ne s'amuse
pas à jeter ses boulets contre une carcasse soit en fer, soit en
bois, il aborde quand il veut, où il veut, c'est-à-dire toujours.
Chaque navire ennemi est comme une redoute à prendre. L'abordage est donc la seule manœuvre à pratiquer en mer ; c'est le
corps à corps dans toutes les luttes maritimes à venir : telle est la
conséquence forcée d'un combat naval avec des engins à vapeur.

En deuxième lieu, puisque l'habileté réside dans la machine,
dans la puissance de celle-ci, et que, sauf de rares exception et
seulement dans l'assaut des places maritimes, c'est l'abordage qui
domine, il n'est plus nécessaire, pour ces luttes ainsi transfor-
mées, d'avoir des hommes exclusivement occupés des affaires de
la mer. Le zouave deviendra le prince de l'abordage. On sait
qu'en cas de branlebas de combat, le mal de mer disparaît ; le feu
de la lutte rend à chacun toute son ardeur et toute son énergie.
— Ainsi, le zouave, qu'on a déjà proclamé le premier soldat du
monde, en deviendra le premier matelot, et notre classe maritime
de 60 à 70 mille hommes, que les anglais regardent avec pitié,
va être, d'un seul coup, élevé au chiffre de plusieurs millions
d'hommes.

Tirons les conséquences : Si les luttes maritimes ne sont plus
que des combats corps à corps, nous avons plus de ressources
que l'Angleterre. Ce ne sont plus les navires qu'il faut compter,

mais les poitrines ; et, dans cette transformation, corps pour
corps, l'Anglais n'aura jamais la prétention de couper les oreilles
à ses rivaux.

Je dis qu'on ne tiendra plus compte des voiles, parce que,
d'une part, tout ce qui est en bois finira par disaparaître bientôt.
Il n'y a qu'une transition forcée à subir. Le navire exclusivement
en fer, blindage de même, finira par dominer, et la France en
possédera autant qu'il lui en faudra, pour régler la mesure de
l'égalité du nombre. Le combat naval, à la mer près, se passera
dans des conditions identiques, quoique plus meurtrières, aux
combats terrestres.

L'invention des batteries flottantes, qu'on attribue à Napoléon
III, complète la révolution qu'ont éprouvée les affaires de la mer.
Ce sont ces engins qui abattront et couleront tous les navires en
bois, qui ne seront plus utiles que dans les expéditions lointaines,
et pour combattre des puissances maritimes qui ne seront pas
préparées, comme le sont la France et l'Angleterre, et, bientôt, la
Russie.

On peut donc dire, dès à présent, que la France possède les
moyens. Elle n'a plus qu'à suivre son étoile. Faut-il ajouter que
la vapeur, accompagnée du revêtement en fer, est un dévouverte
plus grande que le *corvus* romain. Et l'on sait que le *corvus* n'a
pas laissé longtemps debout la puissance maritime de Carthage...

VIII

Mesures préalables.

L'union fait la force.
(*Proverbe.*)

Les plus beaux vaisseaux de ligne à hélice, les frégates les plus
nombreuses de même, les batteries flottantes les mieux cuirassées,
et portant le plus fort calibre connu, toutes les conditions maté-

rielles enfin, pour obtenir le plus sûr et le plus éclatant des succès, ne donneraient pas l'avantage recherché, si le tout n'était soutenu par une alliance imposante.

L'alliance nécessaire à la France est toute indiquée ; il n'y en a pas deux en Europe. La puissance qui doit nous être unie est celle qui sait souvent nous faire du bien et jamais du mal : c'est avoir nommé l'alliance russe.

On se souvient que, dans nos plus mauvais jours, Alexandre Ier, a repoussé avec indignation le partage de la France auquel l'Angleterre poussait avec une fureur qui ne peut être comparée qu'à celle dont elle nous donne tant d'exemples en Asie. Il n'a pas dépendu d'elle que nous ne fussions traités comme les rayats de l'Aoude.N'a-t-elle pas fait à Napoléon-le-Grand ce qu'elle vient de renouveler dans la personne du roi de Delhi et de tant d'autres ?...

Quoique je n'en sache rien, je déclare cette alliance faite et cimentée. L'entrevue de Studgard n'a pas eu d'autre cause. Et lorsque, plus tard, dans son dernier discours, l'empereur des Français a dit qu'*il regrettait presque* d'avoir combattu un si vaillant adversaire, sa pensée a été, pour nous comme pour l'Europe entière, plus que transparente ; elle a été aussi affirmative qu'elle pouvait l'être en pareille occurrence.

Si nous avons besoin de l'alliance de la Russie, celle-ci a besoin de la nôtre. Nous avons des intérêts communs. La diminution ou plutôt l'abolition de l'influence anglaise en Égypte et auprès de la Sublime-Porte la touche ; — le percement de l'isthme de Suez se lie à ses vues commerciales ; — l'union des provinces Moldo-Valaques l'intéresse ; — l'attitude de l'Autriche, autre repaire féodal après l'Angleterre, la blesse depuis longtemps, comme elle nous offusque nous-mêmes, d'autres choses, encore, que nous dirons plus tard, expliquent cette nécessité, cette opportunité d'alliance que rien ne saurait empêcher.

L'alliance acquise, la France est libre dans ses mouvements ; la Russie n'est contrariée dans aucune de ses allures ; les deux puissances marchent ensemble à la conquête de l'affaiblissement de l'ennemi commun.

Une armée, qui déjà se réunit sur les bords de la Vistule, impose l'immobilité à l'Autriche, et la Prusse obéit à sa puissante alliée. La Russie, qui a déjà, dans la mer Noire, non seulement un boulevard qui ne peut plus être entamé, Sébastopol, mais des transports qui, dans quarante-huit heures, peuvent insulter la Turquie d'Europe sur tous les points, exécute, en Orient, ce que nous faisons nous-mêmes en Occident.

Loin de moi la pensée d'applaudir à l'occupation de Constantinople par la Russie. De même que j'abominerais Napoléon III s'il s'emparait de l'Angleterre pour y établir l'un des siens, de même je regretterais de toute mon énergie l'invasion de la Turquie d'Europe par une puissance qui substituerait son joug, quelque préférable qu'il puisse être, au joug ottoman. En Orient, comme en Occident, les deux puissances alliées doivent combattre pour la liberté des peuples et non pour leur asservissement.

En quelques mots, la France, dans l'hypothèse d'un invasion, n'aurait qu'un but : celui de proclamer le droit commun au sein du peuple anglais, de réduire la Grande-Bretagne à l'impuissance de nuire, en lui enlevant les instruments à l'aide desquels elle trouble périodiquement et suivant ses fantaisies, la paix du monde ! — La Russie a un rôle analogue à remplir à certains égards, différent à certains autres, et produisant, en définitive, les mêmes résultats. Les Turcs ne comptent plus en Europe ; ils y sont impuissants. Rien ne signale, chez eux, le moindre progrès ; tout y est d'emprunt, et en quels termes !... Il n'est resté, de leur conquête, que leur barbarie, leur férocité spoliatrice, le sabre avec lequel ils immolent leurs malheureux esclaves. Déjà la Grèce s'est affranchie ; une seconde guerre hellénique commence en Bosnie, dans l'Herzégovine, pressurées abominablement par ces abominables maîtres ! — Qu'ont-ils fait de ce fameux haty-hamaïoün ? Quelle reconnaissance ont-ils gardée des sacrifices de sang et d'argent que nous avons faits pour conserver l'intégrité de leur territoire ?... Voyez comme ils sont servilement courbés sous le joug anglais ! Voyez ce qu'ils font à Suez ! etc. — Ils campent en Europe, accroupis dans leur nullité barbare. Il est temps que ce joug honteux soit secoué, et que ces conquérants, fainéants et cruels, soient refoulés en Asie, pour l'honneur de la civilisation et de l'humanité. C'est cette mission qui est mutuellement dévolue à la Russie. Rendre les Grecs à leurs lois, à leur autonomie; proclamer leur indépendance, les constituer membres de la grande fédération dont une haute politique s'occupe vivement, voilà le rôle de la Russie, qui aura, dans l'Empire nouveau, œuvre de ses mains, un allié d'autant plus précieux et plus sincère qu'il lui devra sa liberté.

IX

Invasion hypothétique. — Conséquences.

L'Empire, c'est la paix !
(Napoléon III.)

La France veut la paix du monde : ses efforts ne sont dirigés que vers ce but.

La France n'a pas besoin de conquêtes; elle n'en ambitionne qu'une, la conquête de la liberté pour tous les peuples.

En dominant l'Angleterre, la France domine la tyrannie universelle de cette puissance, sans vouloir absorber celle-ci.

La France ne procéderait donc pas à la façon anglaise dans l'Inde et l'Aoude en particulier; elle ne pendra ni la reine, ni ses enfants; elle ne se baignerait pas voluptueusement dans le sang du peuple : tout au contraire, elle proclamerait l'émancipation. Elle ne procéderait pas par *l'accession* de l'Angleterre à la France : elle laisserait vivre la Grande-Bretagne de la vie qui lui est propre et non de celle qu'elle s'est faite, au mépris de toutes les lois morales et justes.

La France proclamerait en Angleterre les principes de 89, c'est-à-dire l'égalité politique et civile. D'un seul trait, tous les privi-

léges seraient abattus. Il n'y aurait plus de féodalité, plus de droit d'aînesse, plus de propriété territoriale exclusive, plus de clergé anglican engraissé par la spoliation; et la *verte Erin*, mutilée par des lois barbares, prendrait sa revanche sur ses bourreaux : ce serait bientôt fait.

Voilà pour le côté politique et social.

Quant aux satisfactions légitimes de la France, leur énumération est simple. En 1815, l'Angleterre nous a pris trente-un vaisseaux de ligne, douze mille pièces de canons dont onze mille en bronze, le tout évalué à plus de deux cent soixante millions ; elle nous les rendra ; et nous y ajouterons tout ce qu'elle possède en matériel naval que nous brûlerons ou que nous donnerons à qui bon nous semblera. — Elle nous a imposé, avec d'autres, une contribution de quinze cents millions ; elle nous les remboursera avec intérêts, *sauf son recours*, bien entendu, contre ses co-débiteurs solidaires, pour parler comme le Code Napoléon. — Elle s'est emparé de nos colonies et particulièrement de l'île de France ; elle en décamperait dans les vingt-quatre heures, sous peine d'y être contrainte et forcée. — Elle évacuerait la Méditerranée où ses vaisseaux marchands mettraient seuls les pieds. — Nous lui ferions sa part pour tout le reste et nous lui défendrions d'avoir, quelque part que ce fût, un corps-de-garde maritime ; c'est dire assez que Gibraltar, Périm, etc., ne seraient plus occupés par eux.

Et comme l'expédition de Crimée a été inventée par l'Angleterre pour détruire la marine russe et que cette expédition n'a profité qu'à la Grande-Bretagne ; il serait juste que celle-ci nous payât la plus forte partie des trois milliards que nous y avons dépensés.

Et, après avoir ainsi jeté à l'eau cette aristocratie insolente qui pèse sur l'univers, — après avoir détruit tous les moyens dont elle dispose en plaçant, à côté, la défense de rétablir, — après avoir appelé à la véritable égalité et à la vraie liberté le peuple anglais des trois royaumes, nous ne prendrions pas *la carte du Styx* pour les dépécer, comme les Anglais le voulaient de la France en 1815, mais nous les appellerions à la fraternité. Alors seulement il seraient dignes d'être nos frères, parce qu'ils ne voudraient plus nous faire de mal. Ils seraient forcés d'être justes : ce serait le but conquis pour la gloire de la France et le bonheur du monde entier.

L'Angleterre, dès ce moment, redeviendrait catholique et sœur de la fille aînée de l'Église ; elle aurait perdu son esprit révolutionnaire ; elle vivrait dans son droit, dans la loi du peuple libre et des temps à jamais heureux seraient éclos pour elle comme pour nous.

X

Équilibre continental nouveau.

..... Jam novus sæculorum nascitur ordo.

(Virgile.)

Depuis près de deux siècles, l'Angleterre, dans ce qu'on appelle l'équilibre européen, a pesé dans les plateaux de la balance plus que tous les autres peuples ensemble. Cette prépondérance excessive date à peu près de la dernière moitié du règne de Louis XIV. Je n'apprécie pas les conséquences d'une aussi funeste situation ; je me borne à l'énumérer.

L'Angleterre n'a fait que grandir jusque dans ces derniers temps. Tout la favorisait : son ascendant, les alliances auxquelles il commandait, les succès les plus inouïs répondant à toutes ses vues, l'habitude en quelque sorte de lui obéir, tout concourait à exagérer encore à ses propres yeux l'influence qui lui donnait comme une autorité absolue dans tous les cabinets du continent. Que s'est-il fait, en effet, notamment depuis le traité de Yorktown, qui n'ait été conseillé, appuyé, soutenu, jugé, imposé ou exigé par l'Angleterre ?...

Voici venir des temps nouveaux : car tout change en ce monde.

Le colosse britannique, malgré son ampleur et ses forces, s'effraye : cela lui arrive souvent. En jetant son regard fauve, un beau matin, sur la Baltique et la mer Noire, il croit reconnaître qu'il y a dans les deux parages, plus de mâts de perroquet, de misaine et d'artimon qu'il n'en faut pour la sûreté de l'intérieur des ports, et que le czar exagère ses fantaisies navales : « Car, dit le colosse en question, un czar peut-il avoir, dans ce genre, autre chose que des fantaisies ? A quoi peuvent lui servir de tels hochets maritimes, si ce n'est à m'inquiéter un jour en les joignant à d'autres ? » — Là-dessus, le colosse britannique, qui ne dort plus dès qu'il conçoit le moindre ombrage, s'élance dans la Baltique et la mer Noire pour détruire ce qui l'offusquait : on sait comment il a été reçu ; et, je crois qu'il s'en souviendra longtemps....

Quoiqu'il en soit, le colosse britannique après avoir ainsi insulté la Russie, qu'il avait jusque-là caressée comme la sœur la plus tendre et à qui cette sœur avait rendu, avec tant de loyauté, amour pour amour ; — après avoir oublié, envers cette fille du Nord, dans la publication de la correspondance de lord Seymour, les premières des convenances et manqué à toutes les pudeurs, a cru qu'il pouvait de nouveau, en gambadant le moins gauchement possible devant le fils de Nicolas, faire oublier son passé d'hier et se rapatrier comme si de rien n'était. A cet endroit, je crois le colosse britannique un peu bête : et beaucoup seront de mon avis.

Sans doute, le congrès de Paris a rapproché toutes les grandes puissances de l'Europe ; il a scellé la paix matérielle en arrêtant les événements ; mais il n'a converti personne. L'esprit et le cœur de chaque souverain ont gardé leurs impressions. Les traités imposent des lois et non des sentiments. Et ceux-ci sont la première garantie de l'iviolabilité des traités.

A moins de prendre la Russie pour ce qu'elle n'est pas et ne sera jamais, il est moralement impossible de lui supposer, comme autrefois, des sentiments de dévoûment pour un allié qui a procédé, hier, envers elle, par la lutte et l'outrage. On se pardonne une guerre ; on ne se pardonne jamais une injure !

Des raisons d'un haut intérêt ont amené la paix pour tous ; mais cette paix, éclose des nécessités du moment, sera rompue par une autre nécessité. L'estime et le dévoûment n'y ont eu aucune part. L'ascendant habituel de l'Angleterre a disparu des dernières conférences de Paris : cet ascendant était ailleurs. L'Angleterre s'y est défendue et elle n'a rien imposé; c'est de ce moment qu'il faut dater la déchéance de la Grande-Bretagne. Si nous voulions tout dire sur ce point, nous ajouterions que la déchéance de l'Angleterre remonte à l'expédition de Crimée où l'emploi de toutes les ressources a montré à quel degré on devait estimer le développement de ses forces de terre et de mer. Décidément, l'Angleterre ne peut plus être redoutable que pour les hommes énervés de l'Orient; les Occidentaux la connaissent et les hommes du Nord encore mieux.

Il n'y a donc plus et, de longtemps, si je ne me trompe, il n'y aura d'entente cordiale entre l'Angleterre et la Russie. La paix, comme une trève nécessaire aux grands projets d'Alexandre II, tels que l'émancipation des serfs, la création des grandes lignes ferrées, le développement d'une marine de guerre, une politique d'alliances à souder avec la Perse, les peuples du Nord et du centre de l'Asie et l'Amérique, est indispensable à toutes les mesures conseillées par sa prudente politique. Personne ne songera à le troubler dans son œuvre, quand il ne troublera personne. Ce ne sera pas l'Angleterre, par exemple ; elle en a assez, pour le moment, sur les bras avec ses affaires de l'Inde et de la Chine....

S'il n'y a plus d'entente cordiale, l'équilibre européen est déplacé. Otez l'ascendant de l'Angleterre, — et il a disparu du conseil des souverains de l'Europe, — et vous avez une phase nouvelle, toute nouvelle dans laquelle entre le mouvement des affaires de l'Europe.

Dès l'instant où l'on constate que la prépondérance morale de l'Angleterre s'est évanouie, nous n'avons pas besoin de nous demander où cette prépondérance s'est retirée. Tout le monde le voit et le comprend : elle ne repose plus sur une tête orgueilleuse ;

elle est partagée : elle est fondée, cette fois, sur le dévoûment et l'estime : l'entrevue de Studgard nous en a assez appris. Et, à elle, viennent s'associer tous les intérêts qui prennent leur source dans les idées d'une politique franche et loyale.

Ainsi la Prusse marche à côté de la Russie comme l'Italie à côté de la France.

Ainsi l'alliance franco-russe, avec tous les contingents nécessaires qui s'y rattachent, constitue la prépondérance européenne que rien, de longtemps, ne saurait détruire. Ce qui garantit la durée d'une telle situation, c'est que ces deux nations sont éminemment nécessaires l'une à l'autre ; c'est qu'elle ne peuvent que se servir, et difficilement, même dans un avenir lointain, se nuire. Elles sont donc, l'une par rapport à l'autre, dans des conditions tout à fait opposées à celles que l'Angleterre pouvait leur faire. — Le cabinet de Saint-James, lui, n'a jamais eu qu'une pensée : empêcher l'expansion des peuples, les retenir, les arrêter quand ils se développent, neutraliser leurs efforts par des luttes excitées et envenimées et se ranger lui-même du côté du principe de destruction pour en hâter la consommation quand celle-ci se fesait attendre. — Au contraire, en France comme en Russie, on s'élance vers tous les développements ; on marche à la conquête de toutes les libertés, on prend date pour toutes les choses qui annoncent des temps prospères et nouveaux : là est l'avenir de l'Europe.

Ce qui prouve mieux que quoique ce soit la pensée-mère de cet écrit et le désarroi de la politique britannique, c'est l'alliance intime de la Grande-Bretagne avec l'Autriche. Nous avons besoin de nous y arrêter quelques instants :

L'Autriche, — un diplomate russe l'a dit, — est un archipel de royaumes ; c'est un empire mosaïque, où le Hongrois, l'Italien, l'Allemand et le Slave hurlent de se voir accouplés. C'est un lac politique intérieur où croupissent ensemble les préjugés de caste, l'esclavage avec tout ce qu'il y de plus décrépit dans la féodalité de l'Europe. L'autorité allemande n'y est maintenue que par l'astuce et la ruse ; on le voit notamment dans la manière dont elle distribue ses contingents militaires ; l'Autrichien traîne son sabre en Italie ; l'Italien , en Hongrie , et le Hongrois ailleurs. Suivant le système de Korn-Law, l'Autriche est une puissance qui ne se maintient que par l'art combiné avec la violence. C'est le plus détestable séjour pour un homme qui aime à respirer un peu de liberté. — Tous les exilés, politiques au autres , y sont à l'état de confitures... On ne conspire pas en Autriche: on y pourrit...

Sans que cela ait l'air d'y paraître, il n'y a pas un pays en Europe, après la Sublime-Porte , où l'on y fasse aussi bon marché du droit imprescriptible de l'homme, de sa dignité, de sa liberté.

Il n'y a rien d'aussi précaire que l'empire d'Autriche, rien de plus décousu, et cependant il tient. Il est vrai qu'il a besoin d'une grande habileté et d'excessives précautions pour se maintenir. Le principe fédératif, soutenu par la Prusse, fortifié jusqu'en 1848 par l'influence de la Russie, a été sa sauvegarde.

Le vent de la colère a soufflé un moment sur l'Autriche à cette dernière date; et sans l'intervention de la Russie et malgré le ban Hiellalich , l'Autriche s'appellerait aujourd'hui *empire de Hongrie !*...

L'Autriche vit donc d'une vie presque miraculeuse. Son lac est semé d'écueils... Ses voisins sont aussi intéressés à la paix de ses foyers qu'elle même; c'est encore une cause de *statu quo*. L'équilibre européen d'autrefois y a aussi apporté son contingent d'influence. Mais, aujourd'hui, tout est considérablement modifié. Avec son visage à mille faces, avec sa politique chevrotante, avec ses allures toujours indécises , avec ses révolutions toujours équivoques et peu sûres, avec sa diplomatie d'ajournements indéfinis, cousins germains de toutes les perfidies, l'Autriche est déchue de la considération dont elle a joui jusques en 1848. Voyez-là dans la guerre de Crimée ! elle s'arme contre sa bienfaitrice qu'elle indigne naturellement. — Cependant , elle ne se mêle que passivement à la lutte; et l'Angleterre, à raison de cette attitude, ne lui fait pas faute d'injures. — La guerre s'achève, et l'Autriche n'a rien de plus empressé , sortant de ses alliances naturelles , que de se jeter dans les bras de l'Angleterre : c'est ce que nous voulions dire pour arriver à montrer ces *deux déchéances*, rapprochées depuis le traité du 30 mars. L'Angleterre et l'Autriche sont deux boiteuses qui voudraient faire un homme droit... Il est permis de douter qu'elles en viennent à bout. Ces deux mutilations n'en sont pas moins curieuses à voir et à juger.

L'Angleterre est donc allée chercher une influence dans les marais de l'Autriche. Elle n'avait pas de choix : faute de grives, on mange des merles... — L'Angleterre ne s'y méprend pas ; elle sait parfaitement que son alliance, soudée tant bien que mal à l'Autriche, ne lui rendra pas sa prépondérance. C'est une cheville qu'elle a plantée sur les bords du Danube comme dans les principautés. Cela ne prouve qu'une chose, c'est que l'Angleterre s'abaisse à tout quand son intérêt le commande ; et il faut, en effet, qu'elle soit dans une grande débine d'alliances pour avoir placé à Vienne le centre de ses influences.

La conséquence à tirer de ceci, c'est que l'ancien concert européen a disparu, l'entente cordiale de la grande famille occidentale s'est évanouie, l'équilibre européen d'autrefois n'existe plus que dans les souvenirs.

L'Angleterre le sait bien ; aussi, promène-t-elle ses intrigues partout où elles peuvent prendre racine. Ne pouvant plus compter sur les grandes puissances, elle s'adresse aux petites. Ce n'est plus de la diplomatie qu'elle fait, c'est de l'avocasserie qu'elle excite au sein du corps législatif piémontais ; c'est du démagogisme qu'elle souffle à la fédération suisse ; c'est une autre guerre d'abominations qu'elle poursuit contre Naples, etc., etc... A quoi cette fière Angleterre en est réduite !!...

Si, malgré la paix de l'Europe, l'Angleterre est pauvre dans ses alliances, quoiqu'elle ait l'Europe entière amie contractuelle et légale, — elle n'est pas moins malheureuse dans ses intérêts coloniaux. Guerre de Perse, guerre de Crimée, guerre de Chine, guerre de l'Inde, tout cela ne remplit pas ses coffres. Elle se ruine en hommes et en écus, tandis que le reste de l'Europe se recueille..... — Que les pauvres cotons doivent souffrir ! — C'est un enseignement pour les fileurs de laine et de soie : qu'ils en profitent !

En parlant de l'Angleterre, c'est parler, ma foi, de tout le monde. En disant ce qu'elle n'est pas, c'est affirmer ce que les autres sont.

Ce ne sera donc que pour répondre au titre de ce chapitre que nous parlerons brièvement de la Russie. Elle aussi a eu sa secousse; mais, grâces à Dieu, elle en est remise. A voir Odessa, Sébastopol et la mer Noire, on ne dirait certainement pas que cette puissance amie ait été troublée. On en disait déjà autant à l'époque du sacre d'Alexandre II, en voyant la revue de l'armée russe et de la garde impériale de ce prince que notre armée ne paraissait pas avoir amoindrie : cela promet.

Nous avons déjà rappelé toute la sollicitude du cabinet de Saint-Pétersbourg pour les intérêts sociaux, politiques et matériels de ce vaste empire : nous ne nous répéterons pas. La France n'a aucun ombrage des progrès de l'empire russe; elle les appelle au contraire de tous ses vœux.

Quant à la France, elle n'est point jalousée par sa puissante alliée. L'une et l'autre ont appris depuis longtemgs à se connaître et à s'estimer. Que leur alliance subsiste à jamais pour l'honneur des deux empires, pour la grandeur des événements futurs, pour la fortune des deux peuples, pour la paix du monde et le bien de l'humanité!

XI

Équilibre Maritime à fonder.

Ce qui rend les nations continentales plus justes les unes envers les autres, c'est leur contact médiat ou immédiat, c'est la facilité, malgré les forteresses dont elles hérissent leurs frontières, de s'aborder l'une l'autre en cas de conflit.

Supposez un peuple inaccessible à toute agression, ce peuple sera nécessairement atroce vis-à-vis de ceux qu'il pourra impunément insulter. L'impunité rendue certaine est le champ ouvert à tous les crimes.

Si l'Angleterre touchait au continent par une jetée de quelques mètres de largeur seulement, elle serait, par rapport à la France, à peu près et peut-être moins que ce qu'est la Norwège ou la Suède par rapport à la Russie.

Au lieu de cette accessibilité naturelle, l'Angleterre est garantie de toutes parts par l'Océan. Son abord est rendu difficile. Jusques à l'invention de la vapeur et de tout ce qui s'en est suivi, on l'a jugé impossible. On ne pense plus la même chose aujourd'hui.

Quoiqu'il en soit, l'Angleterre conserve encore, malgré les profondes atteintes qu'elle a reçues, quelque chose de son ancien prestige. Cela nous touche peu ; ce qui nous importe le plus, ce sont les avantages que ce prestige lui a valus et la suprématie maritime qui en est dérivée.

L'Angleterre, après s'être proclamée la reine du monde, s'intitule la reine des mers où elle entend régner sans conteste. Sa prétention s'est établie par des conquêtes sur tous les points du globe, et ces conquêtes ont développé chez elle les moyens matériels de les maintenir et de braver quiconque s'en alarmerait. C'est le dernier état des choses déjà singulièrement tempéré par la création des engins nouveaux. Mais ceux-ci ne sont que des moyens, et les conquêtes de l'Angleterre et ses prétentions sont debout.

S'il a été, après des siècles et d'innombrables luttes, reconnu qu'un équilibre devait exister pour les continents, pourquoi n'existerait-il pas aussi pour les mers?

Les mers dominent les continents et ceux-ci ne dominent pas les mers. Les Anglais l'ont compris, et leur orgueil l'a hautement déclaré. La modestie n'est pas la vertu des peuples forts et navigateurs en particulier. Qui ne se souvient de l'orgueil de Tyr, de l'insolence de Carthage, voire même de l'impertinence de Venise?...

Ce fait de domination prépondérante reconnu, est-il possible d'admettre que les nations continentales puissent s'y soumettre? On le supporte tant qu'on ne peut pas le modifier; mais il doit disparaître quand ses abus révoltants ont atteint une mesure que la dignité humaine ne saurait permettre de dépasser.

Or, il est évident pour l'homme le moins versé dans les études politiques ou dans les intrigues souvent si nauséabondes de la diplomatie, que cette domination des mers et les efforts inouïs faits pour la conserver, sont la cause, depuis bientôt un siécle, d'à peu près toutes les guerres qui éclatent non-seulement en Europe, mais dans le monde entier. L'Angleterre sacrifie tout à cette suprématie; rien ne lui coûte pour la maintenir, l'argent, le sang, la barbarie, le mépris de toutes les lois divines et humaines!... Ne le voyons-nous pas assez par cent côtés divers? Tout ce qui peut la menacer le moindrement est cause de lutte : cela ne peut durer.

Voyez, en effet, ce qui se passe pour l'île de Périm? Malgré les résistances les plus acharnées, elle comprend que le canal de Suez doit s'exécuter, et déjà, en vue de cette exécution, elle s'empare violemment de Périm et le fortifie pour dominer la mer Rouge et commander, une fois de plus, toutes les marines marchandes du monde, en s'emparant de la clé de Suez. — Et jetant dans la presse tout son dépit et sa colère avec une incroyable arrogance (voir le *Times* du 7 avril dernier), elle dit à l'Europe et à la France en particulier : « Est-ce que cela vous regarde? Vous « n'avez, en Egypte, qu'une *clique* et des *aventuriers*! Vous « n'avez rien à faire en Egypte où domine notre influence, rien « dans l'Inde où nous sommes les maîtres... Nous y resterons et « Malmesbury vous le dira au prochain congrès... Cela ne regarde « que l'isman de Mascate ou la Sublime-Porte!!... Veuillez ne « pas nous en embêter plus longtemps!... »

Voilà la diplomatie de l'Angleterre. Elle veut faire pour Périm ce qu'elle a fait pour Aden, ce qu'elle a fait dans mille autres cas pareils : nous ne pensons pas que, cette fois, elle réussisse. L'Europe a les yeux ouverts et, comme le disait naguère un publiciste qui n'aime pas plus les Anglais que moi : « L'Angleterre est gar-« dée à vue!... »

Il est donc temps que l'Europe, que le monde se préoccupe de l'équilibre maritime. Ce sera, sans nul doute, la première et la plus importante des questions soumises au prochain congrès. Les mers ne peuvent plus être dominées par un seul. Si les mers ont besoin d'une police, elle doit être faite par tous. Un seul ne peut pas menacer tous les autres et les placer sous son joug.

La question de Périm n'est donc pas de savoir si l'Angleterre voudra ou ne voudra pas l'abandonner, mais de résoudre l'évacuation en le prononçant. Si la Grande-Bretagne refuse, l'Europe ne craint ni les flottes, ni les armées et moins encore une invasion continentale qu'elle peut se permettre quand elle voudra ; à ce dernier propos, nous ne ressemblons guère à l'Angleterre: une invasion la tuerait, et, pour nous, une descente anglaise comblerait tous nos vœux. Les Anglais savent qu'ils rencontreraient sur les côtes de la Bretagne, de la Normandie et ailleurs autre chose que des Cipayes... Qu'ils y viennent !

XII

Conclusions.

La France veut la paix, nous ne saurions trop le redire, mais une paix sérieuse, une paix sans oppression. Que chacun se montre juste comme elle, et les conflits auront cessé dans le présent comme dans l'avenir.

Une paix véritable ne peut exister sans équilibre établi.

Les traités de Westphalie ont créé le premier équilibre européen, que j'appelle *continental*. En 1648, — il y a par conséquent plus de deux siècles, — l'équilibre maritime n'était l'objet, de la part de la France, d'aucun souci. Postérieurement à cette date, et sous Louis XIV, la marine anglaise fuyait devant la nôtre...

Nos révolutions ont gâté bien des choses... L'Angleterre en a habilement profité, et l'on sait à quel degré de puissance elle a su s'élever. Ce qui ne préoccupait personne, en 1648, est devenu l'objet des méditations de tous les hommes politiques dans les temps modernes. L'exagération de la puissance anglaise et les conséquences qu'elle produit jettent une perturbation inimaginable sur tous les continents. Il est temps de rétablir cet équilibre rompu, et de poser les bases d'un équilibre *maritime* , comme on l'a fait pour l'équilibre continental, qui doit assurer, lui aussi, des modifications sérieuses.

On parlait naguères, dans un organe de la presse (*l'Écho de la frontière*) de *vingt* questions, à poser au dernier congrès de Paris. Je dis , moi , qu'il n'y en a qu'une seule , parce que cette question domine toutes les autres : c'est *l'équilibre maritime*. Que le congrès vote un principe juste à cet égard , et Périm, Suez, Gibraltar, les Principautés, nos colonies, le Monténégro, l'Herzégovine , l'Inde et la Chine , etc. , sont jugés. Si ce principe n'est pas proclamé , personne ne peut répondre de l'avenir.

Si l'Angleterre conserve encore des ressources puissantes d'action et d'intrigues , il y a , pour lui répondre, des autorités et des puissances d'un ordre assez élevé pour dominer ses actions et ses intrigues.

Que les puissances souveraines de l'Europe veuillent bien voir que la politique de l'Angleterre vis-à-vis d'elles, depuis un siècle, n'est autre chose que ce qu'elle a fait, dans l'Inde, pour conquérir, soumettre , annexer et finalement asservir. Oui , l'Angleterre a traité , jusqu'à ce jour, l'Europe comme l'Indoustan ; avec une connaissance profonde du caractère des peuples, des allures des cours , des intérêts, des rivalités, elle a , sans cesse, tenu une puissance en échec par l'autre et soulevé des tempêtes, quand elle a voulu.

Voilà son habileté; et en cela elle est effrayante. C'est comme cela qu'elle a toujours détourné l'attention de ses propres affaires et maintenu la prépondérance qui écrase l'Europe et l'Asie.

Souverains de l'Europe, ouvrez donc les yeux ! cessez d'être le jouet d'un tel machiavélisme. Faites vos affaires sans elle, et , s'il le faut, malgré elle. Marchez à la paix universelle , par la proclamation des principes qui doivent la fonder, par la fédération universelle qui doit la maintenir; et quand, sous un pareil égide, vous vivrez tous en paix , vous n'aurez plus besoin des armées

qui ruinent ; — vous éviterez les révolutions qui tarissent les
sources de la paix publique ; — vous dégrèverez les peuples des
fardeaux qui les accablent ; — vous ouvrirez des voies nouvelles
à la richesse des nations ; — vous règnerez, enfin selon les lois
de Dieu et de la justice !

JACQUES BONNEFOI.

TABLE DES MATIÈRES.

Marseille. — Typographie et Lithographie ARNAUD et Comp., Cannebière, 10.